U0861987

广西全民阅读书系

『两弹』元勋邓稼先

小学版

元吉 著
亚然 绘

广西全民阅读书系

广西出版传媒集团
广西科学技术出版社

图书在版编目（CIP）数据

“两弹”元勋邓稼先 / 元吉著；亚然绘．-- 南宁：广西科学技术出版社，2025．4．-- ISBN 978-7-5551-2420-7

Ⅰ．K826．11-49

中国国家版本馆 CIP 数据核字第 2025T9Y235 号

“LIANG DAN” YUANXUN DENG JIAXIAN
“两弹”元勋邓稼先

总 策 划　利来友

监　　制　黄敏娴　赖铭洪
责任编辑　罗　风
责任校对　方振发
装帧设计　李彦媛　黄妙婕　杨若媛　梁　良
责任印制　陆　弟

出 版 人　岑　刚
出　　版　广西科学技术出版社
　　　　　广西南宁市东葛路 66 号　邮政编码　530023
发行电话　0771-5842790
印　　装　广西民族印刷包装集团有限公司
开　　本　710mm × 1030mm　1/16
印　　张　3.25
字　　数　47 千字
版次印次　2025 年 4 月第 1 版　2025 年 4 月第 1 次印刷
书　　号　ISBN 978-7-5551-2420-7
定　　价　19.80 元

红云冲天照九霄，
千钧核力动地摇。
二十年来勇攀后，
二代轻舟已过桥。

——邓稼先

1924年6月25日，邓稼先出生在安徽省怀宁县白麟坂（今安徽省安庆市宜秀区五横乡白林村）铁砚山房。山房由邓稼先六世祖邓石如兴建于乾隆六十年（1795年），坐落在大龙山、白麟山、赤龟山、凤凰河“四灵山水间”。优美的自然环境不仅陶冶人的性情，更激发生命的活力。安徽深受程朱理学影响，儒学名家辈出。理学倡人品气节，讲究“格物致知”。自然环境与人文环境交相融汇，形成邓家“潜德不耀”“学行笃实”的家风传承。

邓家是翰墨书香门第，教育世家，人才辈出。

邓稼先六世祖邓石如是我国著名的大书法家、篆刻家，时人赞其“四体皆国朝第一”。

邓稼先的父亲邓以蛰，是著名教育家邓艺孙的第三子，曾任清华大学、北京大学、厦门大学教授。邓以蛰与朱光潜、宗白华是中国现代美学的三大奠基者。

北平（今北京）北沟沿甲12号，是一座古朴的四合院。院中古槐和丁香的幽香与正堂上方悬挂的“松风水月”四字匾额交相映衬，彰显着屋主人邓以蛰恬淡自然的个性。

邓稼先童年的大部分时光就在这个静谧雅致的四合院中度过。童年的邓稼先，虽有些瘦弱，但长相俊朗，五岁起就经常穿着小长袍乖乖地站在慈父旁边接受提问。从《尔雅》《诗经》《论语》到《左传》，他都能按父亲的要求把篇目、词条背熟。

邓以蛰是学贯中西的一代学人，其妻王淑蠲亦出身名门，性情温和善良。邓以蛰幼承家学，深知传统启蒙教育的特点是讲究学程，重视背诵，强调“蒙以养正”。孩子童蒙时期，就像清泉出山，“盖少则志一而难忘，长则神放而易失”。邓稼先从小就接受严格的古文经典背诵训练。当然，自身的经历让邓以蛰更认同中西合璧的教育理念。他亲自教邓稼先英语，还把邓稼先送到英语和数理化师资配备均较好的崇德中学就读。

1937年，日本悍然发动卢沟桥事变，北平沦陷。日本人经常组织所谓庆祝胜利的集会，中小学校更是日本人大施淫威的地方。在一次这种屈辱的集会上，邓稼先忍无可忍地把手里的彩旗撕碎扔到地上，又狠狠地踩了几脚，同学们立时一哄而散，日本人的狗腿子们也没看清是谁，就让校长彻查。校长虽可敷衍一时，但考虑到日本侵略者就是杀人成性的恶魔，为保孩子平安，校长建议让邓稼先转学到昆明。

1940 年春，邓稼先和大姐邓仲先去昆明求学。临行前，父亲郑重地把他叫到身边说：“稼儿，以后你一定要学科学，不要像我这样学文，学科学对国家有利。”在这离别时刻，这种嘱托有着撼人心魄的力量。母亲和姐姐在屋里哭泣，呜咽声令人心碎。日本侵略者给千千万万个中国家庭带来的就是这样的生死离别！就是这样的锥心之痛！邓稼先对弟弟邓槜先说：“毛弟，现在我只有仇恨，没有眼泪。”

邓稼先姐弟艰辛辗转，1940 年盛夏时节才到昆明。1941 年，邓稼先到重庆报考国立西南联合大学（简称西南联大），他目睹日本侵略者的飞机在重庆上空张牙舞爪，横行肆虐，如入无人之境，地面无法组织任何有效的还击。一颗颗炸弹落入民房，烈焰升腾，哭喊声凄厉。邓稼先攥紧拳头，怒火中烧。国难当头，邓稼先意识到他要把自己的前途命运与国家、民族的命运联系在一起，正所谓“士不可以不弘毅，任重而道远”！

1941 年秋至 1945 年秋，邓稼先就读于西南联大物理学系。西南联大教师不仅有着严谨的治学态度，更有着崇高的民族气节。物理系有强大的教师阵容，叶企孙、吴有训、赵忠尧、饶毓泰、周培源、吴大猷、王竹溪、郑华炽、张文裕等教授都是著名的物理学家。时任物理系系主任郑华炽是邓稼先的姐夫，他对邓稼先投身物理学研究起到了很好的带动和引领作用。应该说邓稼先的学术生涯起点是相当高的。

北京大学的“兼容并包”，清华大学的“厚德以载物”和南开大学的“公能”，在特殊的历史时期和谐地融合在一起，形成了“刚毅坚卓”的西南联大校训。清华大学校长、西南联大校务委员会常委兼主席梅贻琦先生一直强调“通才教育”，这样高瞻远瞩的决策，使西南联大创造了教育奇迹，从这里走出了多位像“两弹”元勋邓稼先这样的国家栋梁。后来获得诺贝尔物理学奖的杨振宁当时比邓稼先高三个年级，两人经常一起讨论问题，背诵古诗文，还共同阅读《人类对原子世界的新探索》等物理书籍。

西南联大办学条件非常艰苦，不时还会被敌机轰炸。钱穆教授曾对学生说，要用前线将士抗敌的激情来读书，这样才对得起国家和前线的将士。邓稼先他们也认识到读书就是抗战，读书就是救国。艰苦的战时环境，不但没有影响学生们的求知热情，反而使他们读书更刻苦了。那时，西南联大师生以民族大义为重，坚守的爱国主义精神超越了苦难、战火和生死。黑格尔曾说：“一个民族，有一群仰望星空的人，他们才有希望。”邓稼先等人就是那些“仰望星空”的人。

邓稼先在大学期间就和进步同学、中共地下组织有比较密切的接触，并通过《新华日报》等了解时局变化。他目睹国民党统治区的政治腐败和民生艰难。1944 年，20 岁的邓稼先坚定地意识到救国的关键在于要有正确的政治立场。抗日战争胜利后，国民党反动派倒行逆施，准备发动内战，压制民主浪潮，在昆明制造了“李闻血案”。邓稼先义无反顾地加入了中国共产党的外围组织——民主青年同盟，投身于争取民主、反对国民党反动派卖国独裁的斗争。

1948年秋，邓稼先接受好友杨振宁的建议，申请进入美国普渡大学研究生院就读。1950年8月，邓稼先获得博士学位。恩师德尔哈尔教授想带他去英国发展，邓稼先婉言谢绝了。在拿到博士学位的第九天，他就登上了航船，启程回国。这位26岁的“娃娃博士”穿着笔挺的西装站在甲板上，身躯高大挺拔，海风吹过他清秀俊朗的面庞。他带着满腔热忱，带着丰富的核物理知识，决心投入刚刚成立的新中国的建设中。

很多年轻人会年少轻狂甚至偏执逆反，在人生道路的选择上会经历盲目与彷徨的纠结，但是邓稼先从年少时就将爱国主义根植于内心深处，在面临重大抉择时表现出的理智、冷静、毫不动摇的态度，值得年轻人学习。正像他的好友杨振宁所说：“邓稼先的一生是有方向、有意识地前进的，没有彷徨，没有矛盾。”

1950 年朝鲜战争爆发后，美国不止一次威胁要对中国使用核武器。毛泽东主席说，在今天的世界上，要不受人欺负就不能没有原子弹。1951 年夏，世界人民和平大会主席约里奥对他的学生杨承宗说，请转告毛泽东主席，要反对原子弹，中国就必须要有原子弹。1955 年 1 月，毛泽东主席主持召开会议，专门研究制造原子弹的问题。之后，中华人民共和国第二机械工业部（简称二机部）下属成立核武器局，对外称九局，后称九院。

1958 年 8 月，钱三强把邓稼先叫到自己办公室，语气和缓但又略带幽默地说：“稼先同志，国家要放一个大炮仗，调你去做这项工作，怎样？”邓稼先明白这是一副千钧重担，他郑重地承担了下来。随后他被调往九院任理论部主任。二机部是领导原子弹研发的龙头，二机部的龙头是九院，而九院的龙头则是理论部。邓稼先是理论部负责人，是中国原子弹理论设计的总负责人。

邓稼先对妻子许鹿希说：“我的生命就献给未来的工作了。做好这件事，我一生就过得很有意义，就是为它死了也值得。”许鹿希不知道丈夫究竟要去做什么，但她知道这是国家的需要，她坚定地说：“放心吧，我支持你。”那一年，许鹿希30岁，她不仅要钻研自己的专业，还要面对上有老、下有小的家庭重担。在此后的岁月中，这位伟大的女性以她的坚强，把胸中的大义和肩头的责任完美地诠释并承担了起来。

邓稼先和妻子儿女照了一张相，这张照片和1962年他们一家四口与邓稼先父母的合照，一直被他带在身边。在寒夜孤灯下，在瀚海戈壁深处，这是他心灵最温暖的慰藉。孩子童蒙时期如清泉出山，他却不能像自己的父亲那样培养孩子，稚子倚门相迎的幸福只能在梦里。他的父母都有严重的肺病，他却不能晨昏伺候，照顾家庭的重担都压在妻子身上。他把对家人的深情埋在心底，全身心地投入工作中，正是“烈士之爱国也如家”。

新到任的邓稼先在清华大学、北京大学、北京航空学院挑选了28名大学生。一开始，九院没有房子，在北京城郊的一大片高粱地，他和这28名大学生白手起家，砍高粱、平地、盖房子。聂荣臻、陈赓、张爱萍、宋任穷等领导人下班后也会来这里参加劳动。后又陆续分配来近百名毕业生。当时中国的大学还没有核物理专业，这些年轻人对核物理知识几乎一无所知，邓稼先就翻译外文原版著作，自编教材，办起了“原子理论扫盲班”。

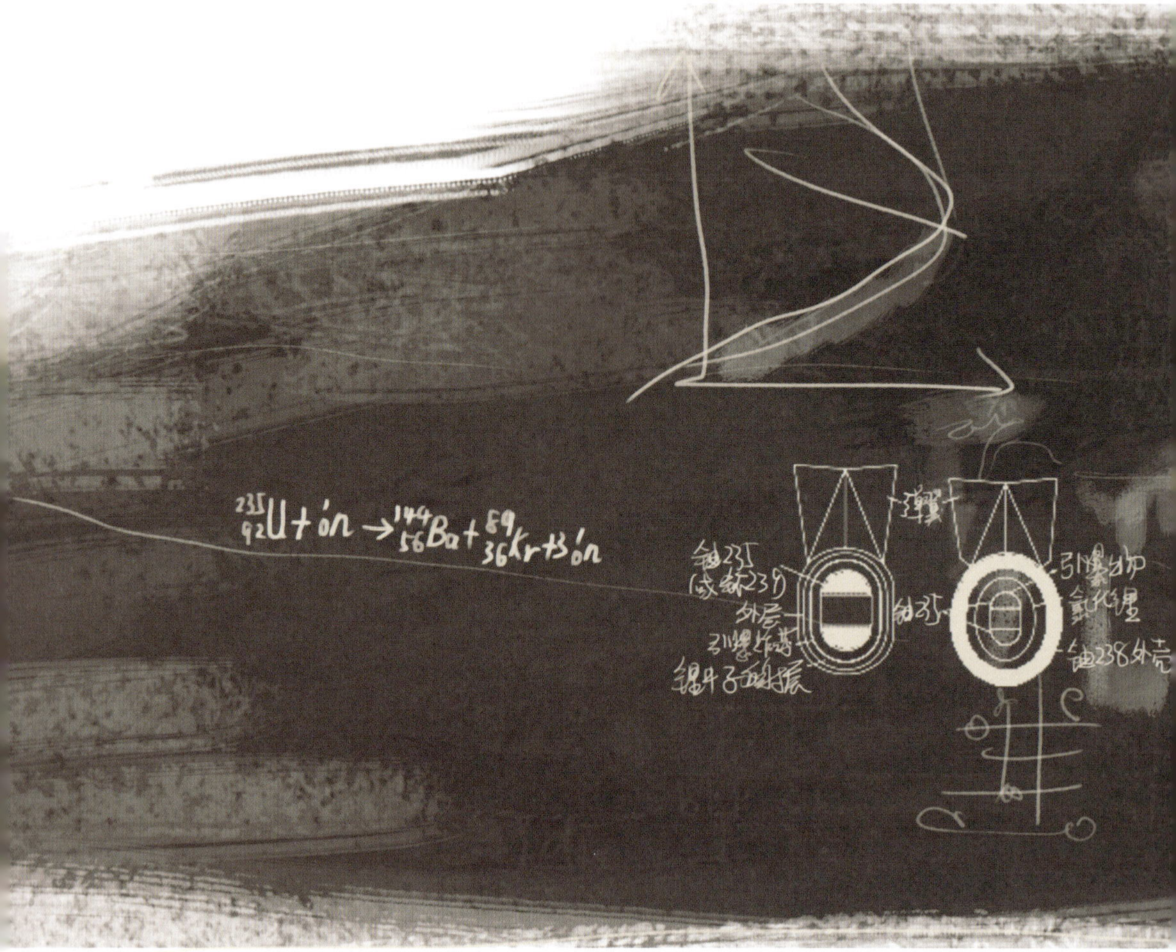

中国和苏联虽有技术合作协议，但关于原子弹问题，苏联专家从一开始就是“哑巴和尚不传真经”。1959年6月，苏联提前终止对中国技术援助项目，这就是原子弹研发工程被称作“596”工程的缘由。那些苏联专家走时撂下一句话：“没有苏联帮助，中国20年也造不出原子弹。”1959年7月，遵照毛泽东主席的指示，周恩来总理向时任核工业部部长宋任穷传达中央决策——“自己动手，从头摸起，准备用8年时间搞出原子弹”。

那时正值中国三年困难时期。毛泽东主席说：“原子弹就那么大的东西，你没有，人家说你不算数。”陈毅元帅说：“就是当了裤子也要把原子弹搞出来。”张爱萍将军说：“再穷也要有根打狗棍。”邓稼先心里清楚，这不仅是在研制原子弹，更是要爆出彰显国威的“争气弹”！他无论行走坐卧，满脑袋都是原子弹理论。偶尔谈起有趣的事，他开怀大笑又戛然而止，显然他笑着笑着又想到原子弹的问题上去了，真是到了如痴若狂的地步。

邓稼先为了让年轻人尽早直达研究核心，经常彻夜准备电动力学、等离子体物理、球面聚心爆和爆轰理论等讲义，一熬就到凌晨三四点。有一次，他讲课时给大家提了一个问题，让大家思考一下，结果一瞬间他就站在讲台上睡着了。有一次他骑自行车时，脑袋里不停地想着问题，没注意看路，结果连人带车栽到沟里。还有一次，深夜回家时被绊倒在路上，他就地睡着了，第二天醒来才发现睡在了墓碑旁。

功夫不负有心人，通过勤奋学习、刻苦钻研以及讲授论辩，邓稼先的研究思路越来越清晰，最后他选定中子物理、流体力学和高温高压下的物理性质（爆轰物理）三个方面作为主攻方向。时值三年困难时期，邓稼先他们饿得头昏眼花还要熬夜，经常用酱油兑水充饥。大部分人因为严重营养不良，身体出现浮肿。邓稼先看在眼里疼在心上，他把父母和岳父岳母节省给他的粮票，以及妻子捎来的饼干和糖果都分给大家。

1960年春，为验证苏联专家在不经意间说出的原子弹爆炸时其中心的压力值，邓稼先和团队昼夜不息，三班轮流，用手摇计算器和算盘等工具，一次用时一个月，共做了九次计算，推翻了苏联专家所谓的数据，并最终算出了正确的数值。麻袋装的用过的草纸整整塞满一屋子。为确保数值正确无误，他们特意请物理学家周光召做了验证。这是第一颗原子弹成功的关键数据。华罗庚教授评价说，这个计算集世界数学难题之大成。

1961 年 4 月，邓稼先提出第一颗原子弹理论设计的框架，核弹装料用铀 –235，并采用“内爆”法，这具有极大的技术难度和风险。为加强技术力量，中央秘密调来科学家王淦昌、彭桓武、郭永怀、程开甲、陈能宽等“一百零八将”参加原子弹“决战”。1962 年 11 月，毛泽东主席批示“要大力协同做好这件工作”。1962 年底，中共中央十五人专门委员会成立，领导原子弹研制，周恩来总理任主任委员，委员包括七位副总理。

1962年12月4日，在中南海西花厅，邓稼先第一次见到周恩来总理，他既激动又紧张，汇报工作时说着说着声音就颤抖了起来。周恩来总理笑着说：“我们都是有年纪的人了，你这一哆嗦就把我们的血压都哆嗦上去了。”大家哈哈大笑，邓稼先紧张的心情顿时缓解了。他们研究图纸到凌晨三四点，周恩来总理留大家吃夜宵。饭后秘书抱歉地说，总理的粮食定量很低，饭钱由总理出，粮票要就餐的同志自己出，每人一两。邓稼先没带粮票，只好欠着，直到周恩来总理逝世他也没机会还上。

“智欲圆而行欲方，胆欲大而心欲小”，邓稼先科学严谨的工作作风是出了名的。在九院保密室里保存着邓稼先的一百多本笔记本，这里详细记录了他们搜集的大量数据。1963 年 3 月，由邓稼先签署的原子弹理论设计方案出台。方案出台后，要反复进行核试验，在长城脚下的山洞试验场，邓稼先总是亲临第一线指挥，把生死置之度外，直到工程师插好最后一根雷管才会离开。1963 年春，他们搜集到了激发核爆炸临界点的关键数据。

热核试验要去人烟稀少的青海金银滩核武器研制基地进行，这里是平均海拔 3100 米的缺氧高原，气压低，饭煮不熟，风雪、冰雹如影随形，一年有三季要穿棉衣。邓稼先来到这里，上不能告知父母，下不能告知妻儿，家对他来说就是笔记本中一家老小的相片。就在这样睡帐篷、嚼干菜、喝苦水的艰苦环境中，1964 年 6 月 6 日，他们进行了全尺寸的原子弹整体模型爆轰模拟试验，顺利实现了预先的方案。

中央决定于1964年10月16日进行原子弹爆炸试验。为确保万无一失，原子弹被分成了两部分，飞机和冷藏火车各运一部分。因担心混入爆炸物，冷藏火车燃煤要经过认真筛选，火车铁轨沿线高压电线都必须临时断电，检查机车用的锤子都要换成铜锤，因为铁锤容易产生火花……就这样，由核武器研制基地领导亲自押运，凝聚着十几万人智慧和血汗的原子弹，承载着中华民族的梦想和希望，奔赴目的地新疆罗布泊核试验基地。

1964 年 10 月 15 日，中央下达“投篮”命令。16 日 6 时 30 分，工程师赵维晋身背几十根雷管开始攀登铁塔，邓稼先亲临现场，他告诉赵维晋慢慢来，别紧张。

15 时，一道红色闪光划开碧空，一个巨大的火球腾空而起，天空就像出现了一个巨大的太阳，红光耀眼，蘑菇云不断翻滚、上升、扩散，紧接着震耳欲聋的爆炸声响彻寰宇。现场欢声雷动，参试人员激动地在戈壁滩上跳跃、呼喊、翻滚，把帽子、衣服扔向天空。

原子弹成功爆炸，标志着我国成为继美国、苏联、英国、法国后第五个拥有原子弹的国家，开始进入核武器时代，在世界上产生了广泛而深刻的影响。在 1966 年 3 月举行的中美大使级会谈第 129 次会谈中，美国代表第一次使用“中国政府”一词来称呼中方。当时的法国总理说，这颗原子弹的爆炸改变了世界形势和中国地位。在南非，公交车司机对一个中国人说，你们中国的原子弹爆炸成功了，你坐到前排来。毛泽东主席风趣地说：“应该给赫鲁晓夫发一个一吨重的大勋章！”

正当原子弹爆炸成功、举国欢庆之时，邓稼先接到了母亲病危的通知。在医院床头，他捂着母亲的手，强忍泪水呼喊着：“姆妈，我回来了，我在这。”母亲微微睁开眼，她一直在等她的儿子。邓稼先感受到母亲在寻他，母亲的手微微感应着他的手，安稳地睡去了。他多希望能亲口告诉母亲原子弹爆炸成功的消息和他所做的一切，可这最终成了忠孝难两全的遗憾。他在母亲床头长跪不起，任凭泪水奔流。

邓稼先顾不得内心的巨大悲伤，又立即奔赴戈壁荒滩。早在1963年9月，邓稼先已接到聂荣臻元帅下达的命令：领导原班人马进行氢弹理论设计（代号639）。另外，必须乘胜追击，加速原子弹武器化。这些任务难度更大。原子弹是通过原子核一连串的核裂变释放能量，而氢弹则是通过氢的同位素氘、氚等质量较轻的原子的原子核发生核聚变反应，瞬时释放出巨大能量，也就是说它需要两个原子核聚变成一个原子核。

邓稼先从不以权威自居，他领导的理论部从来都是技术民主、走群众路线的。无论是资深科学家，还是刚毕业大学生，大家都平等讨论，畅所欲言，这种广泛深刻的交流往往碰撞出科学思维的火花。1965 年 9 月，为了对于敏小组得到的关于热核材料燃烧条件的一些数据形成有力支撑，邓稼先会同于敏小组夜以继日地投入超级计算攻坚战。晚上实在太累了，他们就在计算机旁和衣而卧。1965 年底，他们提出了“邓－于方案”。

“文革”刚开始时，正是第一颗氢弹攻坚阶段。九院有些人搞派系斗争，邓稼先就想办法把两派聚到一起，告诉大家法国计划 1967 年爆炸氢弹，如果他们先成功，我们便又落人后，说服大家放弃分歧，在尽早爆炸氢弹这一问题上达成一致。大家信服邓稼先的为人和品格，重新精诚合作，最后突破了难关。“文革”时期，邓稼先自己和家人都受到迫害，他虽疼惜家人，但从没有动摇过为党工作、为国奉献的信念。

组装核弹装置时，工程技术人员都会非常紧张，这不仅因为核弹本身极具危险性，更主要的是每一颗核弹都凝聚着十几万人的心血。邓稼先总是亲临现场。组装第一颗氢弹时，他握着一位工作人员的手，觉得工作人员的手冰凉冰凉的，便把工作人员的手揣在自己怀里捂着，安慰工作人员不要慌张。这种每临大事有静气的风度和誓与同志们共存亡的气概，让他赢得“福将”的称誉，只要“福将”在场，大家就觉得安心。

1967 年 6 月 17 日，我国第一颗氢弹成功爆炸！我国成为世界上第四个拥有氢弹的国家。从第一颗原子弹到第一颗氢弹，中国只用了两年零八个月。法国总统戴高乐听说中国氢弹爆炸成功，他把法国氢弹研究人员召集到爱丽舍宫，大发雷霆。他不能接受，这个曾经拥有居里夫人那样一批一流科学家的国家就这样落在了中国后面。英国媒体报道说，中国氢弹研发速度如此迅速，如果继续对中国视而不见，这简直是在发疯，赶紧让中国进安理会吧。

1971年，杨振宁回国访问、探亲，见到邓稼先。阔别20多年，老友重逢，欣喜自不必说。杨振宁委婉地问到，中国原子弹是否有美国人提供了技术支持。后来，邓稼先遵照周恩来总理指示，写信给杨振宁。杨振宁接到信时，正在上海参加为他举行的饯行宴会。邓稼先在信中说，中国人的原子弹和氢弹全部都是由中国人自己研制成的，没有一个外国人参加。短短几行字，在杨振宁内心掀起巨大波澜，他热泪盈眶，赶紧离席到洗手间擦拭眼泪。

1979年，在一次大当量氢弹试验中出现事故，飞机空投后，氢弹没有爆炸。为了排查未爆氢弹可能带来的安全威胁，验证在弹着点是否存在氢弹爆炸的可能性，邓稼先主动要求到现场参与事故处理。他制止了同行的同志下车，毅然只身进入事故现场。他拿起碎弹片，经过仔细检查，确认弹头因降落伞没及时打开已摔成碎片，没有发生核爆的可能。他因此遭受到严重的核辐射伤害，这是他后来罹患癌症的重要诱因。

1980 年以后，大剂量辐射对他身体的危害凸显出来，他不顾重病缠身，全身心投入第二代核武器和中子弹研发中。1984 年 12 月 9 日，邓稼先亲临罗布泊现场指挥了他一生中最后一次核试验，中子弹的原理性试验又获得突破性进展。

截至 1986 年，在我国进行的 32 次核试验中，有 15 次是邓稼先亲自指挥的，他做出的重大决策无一失误，“福将”当之无愧！

1985年11月1日，邓稼先患直肠癌住院治疗期间，在党员登记表中写道：“自己虽然身患癌症，而矢志不移。尽量做些力所能及的科研工作，为祖国的社会主义现代化事业努力奋斗。”在生命的最后时光，邓稼先与九院科学家在病房中商讨写给党中央的关于核武器发展的建议书。为缓解剧烈的疼痛，他只能坐在橡皮圈上，止疼针把肌内注射区扎得像蜂窝一样。他说话写字时不停地冒虚汗，许鹿希坐在旁边不时轻轻地给他擦拭。

这份建议书详细列出了未来核武器发展的目标及具体实施步骤，对我国 1986 年至 1996 年核武器试验起到了重要的指导作用。这是邓稼先核武器研究事业取得的又一重大成就。在世界全面禁止核试验之前，1996 年 7 月 29 日，中国进行了最后一次核试验并宣布暂停核试验，而这一天，是邓稼先逝世 10 周年纪念日。

邓稼先说过：“我不爱武器，我爱和平，但为了和平，我们需要武器。”为打破超级大国的核威胁、核讹诈，他呕心沥血奋斗了 28 年。

1986 年 7 月 29 日，邓稼先同志与世长辞，享年 62 岁。

临终前，他叮咛同志们：“不要让人家把我们落得太远……”

他对妻子说，“死而无憾”“可苦了你了”……

张爱萍将军当日挥泪写下诗句“君视名利如粪土，许身国威壮河山”。

邓稼先在杭州西湖边上照过一张相，他在相片背面写下“尽忠报国”四个字，这是他一生不悔的追求。他的一生像箭一样有坚定的方向，矢志不渝，鞠躬尽瘁。

1999 年 9 月 18 日，党中央、国务院、中央军委追授邓稼先“两弹一星”功勋奖章。

延伸阅读

注释

程朱理学：北宋程颢、程颐，南宋朱熹等人发展的儒家思想流派。

格物致知：儒学中重要的概念，有多种解释。在《现代汉语词典》中解释为“推究事物的原理法则而总结为理性知识”。

潜德不耀：具备良好德行，但为人低调内敛。

学行笃实：做学问、行事踏实，为人淳厚朴实。

“松风水月”四字匾额：明朝末代皇帝崇祯御笔亲书，是邓家的传家宝物。

蒙以养正：出自《易·蒙》“蒙以养正，圣功也”，指对儿童从一开始就要有正确的教育引导方法。

“盖少则志一而难忘，长则神放而易失”：出自晋代葛洪《抱朴子·勖学》，指要抓紧年少时的宝贵光阴研习学业，修学务早。

国立西南联合大学：由于抗日战争时期局势艰危，为延续中华民族的文化血脉，为战后重建培养人才，北京大学、清华大学、南开大学三校联合迁到长沙，成立了国立长沙临时大学。1938 年 2 月 19 日，国立长沙临时大学又被迫南迁云南昆明。同年 4 月 2 日，更名为国立西南联合大学。西南联大师生担任中国科学院、工程院院士共 171 人（其中学生 92 人），杨振宁、李政道 2 人获得诺贝尔物理学奖，邓稼先、赵九章等 8 人获得“两弹一星”功勋奖，黄昆、刘东生、叶笃正、吴征镒等 4 人获得国家最高科学技术奖，宋平、王汉斌等人成为国家领导人。

“士不可以不弘毅，任重而道远”：出自《论语·泰伯章》。这里指青年人要树立起为国家独立、民族自强而奋斗的远大志向。

国立西南联合大学校训“刚毅坚卓”：激励国立西南联合大学师生，

以坚韧不拔的奋斗精神创造卓尔不凡的成就。

“烈士之爱国也如家”：语出晋代葛洪《抱朴子·广譬》。指有气节、志向高远的人热爱祖国，就像热爱自己的家，这样的人会舍小家而为国家。

“智欲圆而行欲方，胆欲大而心欲小”：语出西汉刘安《淮南子·主术训》：“凡人之论，心欲小而志欲大，智欲圆而行欲方，能欲多而事欲鲜。”指考虑问题时要灵活变通，行动时端方不苟，胆量要大，心思要缜密。

原子弹与氢弹的关系：激发原子核聚变的温度约为100亿摄氏度，原子弹爆炸的一瞬间可以达到这个条件，也就是说点燃氢弹要用原子弹。所以要先研制原子弹成功后，才能研制氢弹。

中子弹：中子弹是强辐射武器，主要利用爆炸瞬间发出的高能中子辐射在战场上杀伤敌方人员，但对建筑物和设施破坏很小，也不会带来长期放射性污染。爆炸一枚普通中子弹，它能使几百辆坦克瞬间丧失战斗力，驾乘人员全部死亡。它更适合作为一种战略性防御武器。

“两弹一星”功勋奖章：“两弹”指核弹、导弹，“一星”指人造地球卫星。核弹最初指的是原子弹、氢弹，但中子弹等核武器问世后，核武器统称为核弹。1999年9月18日，党中央、国务院、中央军委决定对当年为研制“两弹一星”做出突出贡献的23位科技专家予以表彰，追授邓稼先等“两弹一星”功勋奖章。奖章直径80毫米，为99.9%黄金所制，重约515克。奖章主体图案由五星、长城、橄榄枝和光芒组成。

怀念邓稼先

1986年8月3日，邓稼先追悼会在北京八宝山举行，时任国务委员、国防部部长张爱萍将军在追悼会上致悼词。党和国家给予邓稼先极高评价，悼词中写道：“从原子弹、氢弹原理的突破和试验成功及其武器化，到新的核武器的重大原理突破和研制试验，他都做出了重大贡献。”“他的名字虽然鲜为人知，但他对祖国的贡献将永载史册。他不愧是中华民族的好儿子，不愧是中国共产党的优秀党员，不愧是中国知识分子的优秀代表。”

张爱萍将军挥泪写下：“踏遍戈壁共草原，二十五年前。连克千重关，群力奋战君当先，捷音频年传。蔑视核讹诈，华夏创新篇。君视名利如粪土，许身国威壮河山。哀君早辞世，功勋泽人间。”

大力协同攻关

原子弹工程是集科研、工程和生产一体化的系统工程，大力协同攻关是核试验成功的可靠保证。

中国核武器研制核心部门包括开采冶炼部门（湖南郴县铀矿、衡阳大浦铀矿、江西上饶铀矿、湖南衡阳铀水冶场、铀矿选冶研究所），核装料部门（兰州铀浓缩厂、包头核燃料场），理论研究与制造部门（二机部核武器研究所、酒泉原子能联合企业），核试验场（青海金银滩核武器研制基地、新疆罗布泊核试验基地），等等。正如核试验亲历者朱光亚所说：“在核试验中加强各单位之间的谅解、支持和团结，充分发挥社会主义大力协作优势是我们顺利完成攻关任务的重要保证。”

科技工作者的奉献

为了早日成功研发出原子弹，很多科学家宁愿放弃自己原来已深入研究的领域，投身于原子弹工程相关领域。王淦昌原本是高能物理学家，但转向了核武器试验研究领域；王承书原本是气体动力学家，但致力于铀同位素分离；于敏长于物理基础理论研究，但义无反顾地转向核弹研究。

在邓稼先病重期间，杨振宁看望他时曾问他，研制核弹拿了多少奖金。邓稼先笑着回答，原子弹拿了 10 元钱，氢弹拿了 10 元钱。

研发原子弹和氢弹获国家最高科研奖，奖金共 2 万元，以邓稼先的贡献他本可以多拿些，但是他坚持均分给研制团队。

正是这样一大批以民族大义为重的科学家隐姓埋名，不计个人名利得失，共同打造了大国重器，创造了共和国的辉煌。